ALLIANCE DES ARTS

CATALOGUE

DE

LIVRES ET MANUSCRITS

ORIENTAUX,

Provenant de la bibliothèque

DE FEU

M. JOHN STAPLES HARRIOT,

Colonel au service de la Compagnie des Indes, membre des Sociétés asiatiques
de Calcutta, de Londres, de Paris, etc.

Rédigé par MM. MOHL et Paul LACROIX

AVEC DES NOTES

DE MM. EUGÈNE BURNOUF ET GARCIN DE TASSY.

La vente se fera les jeudi 13 et samedi 15 avril 1843, à six
heures du soir, maison Silvestre, rue des Bons-Enfants,
n° 30, salle du rez-de-chaussée.

Par le ministère de Me COMMENDEUR et BATAILLARD, commis-priseurs

---

PARIS,

ADMINISTRATION DE L'ALLIANCE DES ARTS
RUE MONTMARTRE, 178

1843

Le Bulletin de l'Alliance des Arts, rédigé par les principaux bibliographes, artistes, archéologues, etc., sous la direction de M. Paul Lacroix, paraît les 10 et 25 de chaque mois, par feuille grand in-8° de 32 colonnes.

PRIX D'ABONNEMENT

Pour Paris . . . . 12 f.
Pour les départements 14
Pour l'étranger 16

Annonces spéciales, 50 centimes la ligne.

ON S'ABONNE

À PARIS,

Au Bureau de l'ALLIANCE DES ARTS,
Rue Montmartre, 178.

DANS LES DÉPARTEMENTS,

Chez les principaux Libraires et les Directeurs des postes.
À Londres, chez M. Moore Thomas, 1 Finch Lane Cornhill.
Et chez M. Thop, libraire, à La Haye.

ALLIANCE DES ARTS.

CATALOGUE

DE

LIVRES ET MANUSCRITS

ORIENTAUX,

Provenant de la bibliothèque

DE FEU

M. JOHN STAPLES HARRIOT,

Colonel au service de la Compagnie des Indes, membre des Sociétés asiatiques
de Calcutta, de Londres, de Paris, etc.;

Rédigé par MM. MOHL et Paul LACROIX,

AVEC DES NOTES

DE MM. EUGÈNE BURNOUF ET GARCIN DE TASSY.

La vente se fera les jeudi 13 et samedi 15 avril 1843, à six heures du soir, maison Silvestre, rue des Bons-Enfants, n° 30, salle du rez-de-chaussée.

Par le ministère de Mes COMMENDEUR et BATAILLARD, comm.-priseurs.

PARIS,

ADMINISTRATION DE L'ALLIANCE DES ARTS,

RUE MONTMARTRE, 178.

1843

On pourra voir les livres le matin de chaque vacation, depuis une heure jusqu'à trois. Tous les ouvrages devront être collationnés dans la salle de vente, dans les vingt-quatre heures qui suivront l'adjudication ; mais ce délai passé, ou les livres une fois sortis de la salle de vente, on ne sera admis à aucun rapport. Les acquéreurs payeront, en sus du prix d'adjudication, 5 cent. par franc, applicables aux frais.

Le libraire chargé de la vente remplira les commissions qui lui seront adressées : ces commissions peuvent aussi être envoyées à MM. les commissaires-priseurs susnommés, ou à l'administrateur de l'*Alliance des Arts*.

NOTICE

SUR JOHN STAPLES HARRIOT.

John Staples Harriot naquit en Angleterre ; son père, magistrat distingué, lui donna une bonne éducation et le fit entrer, à l'âge de dix-sept ans, au service de la Compagnie des Indes Orientales. Dès son arrivée à Calcutta, le jeune Harriot étudia avec ardeur les langues orientales : il apprit d'abord l'hindostani, qui était l'idiome le plus nécessaire pour sa carrière militaire dans l'Inde. En 1803, M. Harriot, à la prise de la ville de Delhi, eut une jambe emportée ; mais il n'en resta pas moins attaché au service actif de la Compagnie. En 1820, il publia son *Manuel du soldat* en langue anglaise, avec une traduction hindostani en regard : cet ouvrage a été adopté pour l'instruction de l'armée anglo-indienne, et traduit en plusieurs langues de l'Asie. Pendant son séjour aux Indes, le colonel Harriot consacra tous ses moments de loisir à la littérature asiatique, et mit tous ses soins à se former une bibliothèque spéciale pour ses études. Il acquit alors beaucoup de manuscrits intéressants. Après vingt années d'absence hors de l'Europe, le colonel Harriot revint dans son pays, et se retira dans une campagne isolée. C'est là qu'il eut occasion de gagner, par une bienveillante hospitalité, la confiance de ces tribus nomades, les Bohémiens ou *Zingari*, qui parcourent les provinces de l'Angleterre et de l'Écosse, en conservant leurs mœurs étranges et sauvages au milieu de la civilisation moderne. Le colonel Harriot profita de ses entretiens avec les Zingari pour se familiariser avec leur langue : il a consigné bien des faits curieux dans son mémoire sur l'*Origine orientale du Romnichal ou Bohémien*. Le colonel Harriot retourna aux Indes ; mais le désir de connaître la Perse l'engagea à entreprendre le voyage par terre, malgré les dangers et les fatigues de cette longue route. Quelques années plus tard, il repassa en Europe, et il prit encore la route de terre ; car il avait une affection toute particulière pour la Perse, et ce fut en la traversant qu'il recueillit ses plus beaux manuscrits persans et quelques médailles précieuses. Le colonel Harriot avait au plus haut degré la passion de la linguistique, comme l'attestent les nombreuses notes dont il a chargé ses livres de travail. Il adressa souvent des articles importants aux journaux et aux revues, sans les signer et souvent sans se faire connaître. Mais l'ouvrage qui témoigne surtout de son savoir est un glossaire de philologie comparée (voyez le n° 46 bis), qu'il n'a malheureusement pas achevé, après s'en être occupé pendant trente ans. Cet ouvrage a été conçu sur un plan immense, et, quelque imparfait qu'il soit resté, il est digne de l'estime des philologues. On doit souhaiter, dans l'intérêt de la science, qu'il trouve un continuateur qui le mette en état de voir le jour. Cet espoir a engagé ses héritiers a faire figurer son manuscrit dans la vente de sa bibliothèque.

Le colonel Harriot est mort à Paris en 1839, à la suite d'une attaque de paralysie, âgé de cinquante-huit ans. Il était membre des Sociétés asiatiques de Calcutta, de Londres, de Paris, etc.

Voici la liste des ouvrages qu'il a publiés :

—On pauperism and the poor laws, with a supplement. *London*, 1821, in-8 de 75 p.

—The soldier's Manual, in english and hindi, containing the manual and platoon exercises..... *Serampore press*, 1828, deux part. in-8 de xvi et 101 p. et de 65 p.

— Observations on the oriental origin of the Romnichal or tribe miscalled Gypsey and Bohemian. *London*, 1830, in-4 de 42 p.

Dans les *Transactions of the royal asiatic Society of Great-Britain and Ireland*, t. II.

— Mémoire sur les Kabri-Pantis, secte de déistes de l'Hindoustan. *Paris, Imp. Roy.*, 1832, in-8 de 24 p.

Adressé à la Société asiatique de France et inséré dans le *Nouveau ournal asiatique*.

CATALOGUE

DE

LIVRES ET MANUSCRITS

ORIENTAUX,

Provenant de la bibliothèque de feu M. John Staples HARRIOT.

THÉOLOGIE.

1. Clavis Pentateuchi, sive Analysis omnium vocum hebraicarum suo ordine in Pentateucho Moseos occurrentium, una cum versione latina et anglica, etc. Auctore Jac. Robertson. *Edinburgi, R. Fleming*, 1770, in-8, bas. rac.
2. Ms. Traduction persane des deux premiers livres de Moïse, par le Moulavi Aboul Kasim. In-4, de 118 f., rel. O. en p.

    Belle main moderne.

3. *Dharmaki pothi*, ou le livre de la Loi, tome Ier de la Bible in hindi, publié à Serampore, en 1812, in-8, caractères devanâgaris.
4. The book of Job, literally transl. from the original hebrew and restored to its natural arrangement, with notes critical and illustrative, and an introductory dissertation, by John Mason Good. *London, Black*, 1812, in-8, d.-r.
5. Notes on all the books of Scripture, for the use of the pulpit and private families, by Joseph Priestley. *Northumberland, Andrew Kennedy*, 1803-04, 4 vol. in-8, v. rac.
6. The new Testament of our lord and saviour Jesus-Christ, translated from the original greek into persian at Sheeraz, by Henry Martin, with the assistance of meerza sueyid ulee of Scheraez. *Calcutta, P. Pereira*, 1815, in-8, bas. rac.
7. Le même ouvrage, rel. en toile.
8. *Dharmapustaka*, le livre de la Loi, Nouveau-Testament en sanscrit. *Serampore*, 1808, in-4.

    Ce volume, ainsi que ceux qui forment l'ensemble de la Bible en sanscrit, est devenu rare, les volumes ayant été retirés du commerce, à cause des fautes nombreuses qu'on a signalées dans cette traduction.

9. Les Évangiles, traduits en persan, par Sabat, imprimés à Calcutta, in-8, d.-r. (330 p.)

Cet exemplaire, incomplet, s'arrête au chap. xx de saint Jean.

10. Saint Paul's doctrine of justification by faith explained in three discourses preached before the university of Cambridge in the year 1760; by Samuel Hallifax...., second edit. correct. and enlarged. *Calcutta, Orphan press,* 1806, in-8, cart. (79 p.)

11. The Epistles of Paul the apostle, translat. with an exposition and notes, by Thomas Belsham. *London, R. Hunter,* 1822, 4 vol. in-8, pap. vél. cart.

12. The Book of common prayer and administration of the sacraments, and other rites and ceremonies of the church, accord. to the use of the united churches of England and Ireland, etc. (avec la traduct. en langue gaélique). *Denbigh, Thomas Gee,* 1823, gr. in-8, bas. noire.

---

13. The hindu Pantheon, by Edw. Moor. *London, J. Johnson,* 1810, pet. in-fol. 106 pl., v. vert, fil. fers orientaux.

Beaucoup de curieuses notes mss. — M. Harriot s'est plu à compléter son exemplaire par l'addition de dessins exécutés dans l'Inde, d'après les monuments, ou tirés d'anciens manuscrits orientaux : il y en a 26, dont quelques-uns très-curieux.

14. *Bhagavad-gîtâ,* le chant du Bienheureux Krichna, extrait du Mahâbhârata ; publié par les soins de Babu Râma, à Calcutta, en 1809, in-8 oblong, de 60 f.

C'est le célèbre ouvrage qui a été traduit en anglais par Wilkins, et en latin par G. de Schlegel.

15. The Bhagvat-geeta, or dialogues of Kreeshna and Arjoon. *S. L. ni D.,* in-4, d.-r.

Notes et corrections mss.

16. Ms. *Guita Artha* (explication du Guita). Paraphrase persane du Bhagavad-gîtâ. In-12 carré, de 152 f., rel. O. en p.

Ecriture lisible ; quelques piqûres de vers.

17. Ms. *Nârâyana Siromani,* abrégé de la doctrine Védanta, rédigé d'après les *Brahmasûtras,* ou Axiomes de Vyâsa, par Nârâyana Siromani ; in-8 de 74 p., sans titre, caract. dévânagaris (en sanscrit).

Ce traité, fort court, n'est qu'un extrait des Brahmasoutras publiés au commencement de notre siècle, en 1 vol. in-4. Une note de M. Harriot nous apprend que l'auteur a travaillé sous la direction du célèbre Ram Mohun Roy ; c'est à ce dernier que M. Harriot devait cet exemplaire.

18. **Translation** of the Creed, maintained by the ancient brahmans, as founded on sacred authorities (by Ram Mohan Rae). Second edit. reprint. from the Calcutta edit. *Lond., Nichols*, 1833, in-8, de 15 p.

18 *bis.* — Autre exemplaire.

19. A second defence of the monotheistical system of the veds in reply to an apology for the present state of Hindoo worship, by Mammohun Roy (*sic*). *Calcutta*, 1817. (58 p.) — A second conference between an advocate and an opponent of the practice of burning widows alive, translat. from the original bengalee. *Ibid.*, *Baptist mission press*, 1820. (50 p.) — Translation of a conference between an advocate and an opponent of the practice of burning widows alive from the original bungla. (28 p.) — Brief remarks regarding modern encroachments on the ancient rights of females according to the hindoo law of inheritage, by RammohunRoy. *Calcutta*, *Unitarian press*, 1822. (16 p.) — A defense of hindoo theism in reply to the attack of an advocate for idolatry at Madras, by Ram Mohun Roy. *Ibid.*, 1817. (29 p.) — Brahmunical magazine: the missionary and the brahmun, n^{os} I, II et III. (50, 26 et 48 p.) Le tout en 1 v. in-8.

20. Ms. Koran en arabe, petit in-8, de 523 f., rel. O. en p.
Bonne écriture.

20 bis. *Lun-gnee*, en chinois et en anglais, in-4, rel. O. mar. r. (304 p.)

C'est une partie du premier volume des ouvrages de Confucius, que M. Marshman avait commencé à publier à Serampour. Il manque la dissertation préliminaire et la fin du volume.

SCIENCES ET ARTS.

21. Ms. *Onkouli Ischret*. Encyclopédie des Sciences, compilée par Djabbar Khan Kakschal, l'an 1673. In-4, de 378 f., rel. O. mar. r.
Belle écriture moderne sur papier européen.

22. Ms. *Nafaïs al Funun* (les Joyaux des Sciences), Traité général des Sciences, en persan, 2 vol. gr. in-4, de 233 et 269 f., d.-r.

Ce manuscrit, d'une belle main moderne, est incomplet à la fin; l'ouvrage est divisé en deux livres, qui contiennent en tout neuf chapitres, dont les deux derniers manquent; quelques piqûres dans la marge d'un des volumes.

23. Ms. *Yogavasischta*. Explication de la philosophie védanta, faite par Vasischta à Ramatschandra, traduite du

sanscrit en persan. In-fol. de 368 f. (les treize premiers et le dernier manquent), rel. O. mar. r.

<small>Très-bonne écriture ; quelques piqûres de vers et raccommodages.</small>

24. Ms. *Nuzhet al rewa* (Délices des Soirées). Traité mystique de morale, en persan. In-12, de 137 f. front. enlum., rel. O. mar. r.

<small>Belle écriture.</small>

25. Ms. *Akhlak al Mohsinin*, par Hossein Waëz. Traité de morale, en persan. In-4, de 174 f. Toile viol.

<small>Bonne écriture ; mais le manuscrit a beaucoup souffert des vers.</small>

26. Arabum Philosophia popularis, sive Sylloge nova Proverbiorum, a Jac. Salom. Damasceno dictata excepit et interpretatus est Frid. Rost-Gaard ; edid. cum annotationibus J. Christ. Kallius. *Hafniæ, N. C. Hopffner*, 1764, pet. in-8, d.-r.

27. On pauperism and the poor laws, with a supplement (by J. S. Harriot). *London, Effingham Wilson*, 1821, in-8, d.-r. (75 p.)

28. *Terjuma canoonche Mahmood Cheghmeny der elm Tebb*. Short, canons of the art of physic, being a compendium, both of theory and practice, written originally in arabic, by Mahmood Cheghmeny : and now done into english, from a persian translation. *Calcutta, B. Messink*, 1782, pet. in-4, rel. en peau (XVI et 151 p).

29. Ms. *Talif-i-Scherifi*. Dictionnaire des plantes, grains, fruits et simples de l'Inde, en persan, par Scherif Khan de Dehli, médecin de Mohammed Schah. In-4, de 91 f., d.-r.

<small>Copié à Benarès l'an 1823. — Ecriture lisible.</small>

30. Ms. *Tohfet al Mominin*. Système des sciences médicales, en persan, par Mohammed Momin Hoseïni. In-f., de 444 f., rel. O. mar. r. fil.

<small>Beau ms. copié l'an 1813 ; les marges sont larges, et portent des notes et des vedettes en encre rouge et bleue, qui indiquent les sujets traités sur chaque page.</small>

31. *Ulfaz udwiyeh*, or the Materia medica, in the arabic, persian and hindevy languages, compiled by Noureddeen Mohammed Abdullah Shirazy, with an english translation, by Francis Gladwin. *Calcutta, Chronicle press*, 1793, rel. O. en p. (136 p.)

32. Ms. *Siak Nameh*. Traité d'arithmétique, en persan. Pet. in-fol., de 36 f., d.-r.

<small>Ecriture très-lisible.</small>

33. Tabulæ long. ac lat. stellarum fixarum ex observatione Ulugh Beighi, Tamerlani magni nepotis, ex tribus mss. persicis luce ac latio donavit et commentariis illustravit Th. Hyde... *Oxonii, H. Hall*, 1665, in-4, v. f.

34. Ms. *Ramal-i-Surkhab*. Traité de la Divination par le moyen de lignes rouges, en persan. Pet. in-8, de 168 f., d.-r.

<small>Ce ms. est incomplet à la fin, et piqué des vers. L'écriture est bonne.</small>

---

35. The soldier's Manual, in english and hindi, containing the manual and platoon exercises : with the mode of fixing flints and of firing blank and ball cartridge..., etc., by J. S. Harriot; part. II. *Serampore press.*, 1828, in-8, fig., d.-r. (65 p.)

35 bis. — Le même ouvrage, précédé de la première partie, dont le titre manque, (VI et 101 p. et 65 p.)

<small>Notes et additions mss.</small>

BELLES-LETTRES.

I. LINGUISTIQUE.

§ I. *Origine des langues.*

36. Minshæi emendatio vel à mendis expurgatio seu argumentatio sui ductoris in linguas, the guide into tongues, etc., opera Joh. Minshæi, *London, J. Haviland*, 1627, in-fol. v. f.

37. The dissertations : I Upon the origin, construction, etc., of languages. II Upon the original powers of letters..., etc. Second edit. enlarged of a hebrew grammar and lexicon, by Gregory Sharpe. *London, J. Millar*, 1751, in-8, v. gr.

38. The origin of language and nations hieroglyfically, etymologically and topografically, defined and fixed after the method of an english, celtic, greek and latin english lexicon.., by Rowland Jones. *London, J. Hughs*, 1764. — The philosophy of Words in two dialogues between the author and Crito..., by the same. *Ibid., id.*, 1769; en 1 v. in-8, br. en cart.

39. Remains of Japhet : being historical enquiries into the affinity and origin of the european languages, by James Parsons. *London, L. Davis and C. Reymers*, 1767, gr. in-4, br.

40. Επεα πτεροεντα, or the diversions of Purley, by John Horne Tooke. *London, J. Johnson,* 1778, 2 vol. in-4, fig., br. en cart.

> Ces dialogues sur la Grammaire générale ont pris leur nom de l'endroit où ils ont été composés.

41. History of the european languages, or researches into the affinities of the teutonic, greek, celtic, sclavonic and indian nations, by Alex. Murray, with a life of the author. *Edinburgh, Archibald Constable,* 1823, 2 vol. in-8, pap. vél., cart.

42. Researches into the origin and affinity of the principal languages of Asia and Europe, by Vans Kennedy. *London, Longman,* 1828, in-4, br. en cart.

43. — Le même ouvrage; d.-r. (rogné à la lettre.)

§ II. *Ouvrages polyglottes.*

44. Pantographia; containing accurate copies of all the known alphabets in the world, together with an english explanation of the peculiar force or power of each letter..., by Edm. Fry. *London, Cooper and Wilson,* 1799, gr. in-8, pap. vél., br. en cart. (XXXVI et 320 p.)

> Peu commun.

45. Mithridates oder allgemeine Sprachenkunde mit dem Vater Unser als Sprachprobe..., von J. Christ. Adelung. *Berlin, in der Vossischen buchhandlung,* 1806, in-8, br. en cart.

> C'est le premier volume et le seul que l'auteur ait publié lui-même.

46. Etymologicon universale or universal etymological dictionary..., (by Whiter). *Cambridge, W. H. Lunn,* 1811, 2 vol. in-4, br. en cart.

> Beaucoup de notes et d'additions mss.

46 bis. Ms. Dictionnaire étymologique anglais, avec des dérivations tirées du sanscrit, de l'arabe, du persan, du latin, du grec, de l'islandais, du gothique, de l'allemand, du français, de l'italien, de l'espagnol et du gallois. Onze cahiers in-fol. et un in-12, dans une boîte.

> C'est le cadre partiellement rempli d'un ouvrage qui a occupé M. Harriot pendant une longue série d'années, et dans lequel les personnes qui s'occupent de cette matière pourraient trouver des matériaux utiles.

47. A Vocabulary after a new method in six languages, viz english, latin, italian, french, spanish and portugueze..., (by John Andree). *London, N. Prevost,* 1729, pet. in-8, cuir de R.

Annotations mss.

§ III. *Langues anciennes de l'Europe.*

48. A new method of learning with facility the greek tongue... translated from the french of the Mrs de Port-Royal, by Th. Nugent, new edit. carefully revised and corrected. *London, F. Wingrave,* 1797, in-8, v. rac.

49. The primitives of the greek tongue..., etc., translat. from the french, of Mrs de Port-Royal, by T. Nugent; new edit. revis. and corrected, by N. Salmon. *London, F. Wingrave,* 1801, in-8, v. rac.

Notes mss.

49 *bis.* The origin and structure of the greek tongue, in a series of letters, etc., by Gregory Sharpe. *London, T. Longman,* 1777, in-8, cuir de R. fil.

50. The origination of the greek verb an hypothesis (by Gugl. Vincent) *Londini, G. Ginger,* 1794, in-8, tabl., v. éc. fil.

51. Lexicon græco-prosodiacum, auctore T. Morell, permultis in locis correxit, exemplis a se allatis et animadversionibus illustravit, verbis a Morellio omissis quamplurimis auxit, et græcis vocibus latinam versionem subjecit Edv. Maltby. *Cantabrigiæ, J. Smith,* 1815, 2 tom. en 1, gr. in-4, pap. vél., portr., br. en cart.

C'est la plus belle édition de ce savant ouvrage.

§ IV. *Langue anglaise.*

52. A specimen of the conformity of the european languages, particulary the english, with the oriental languages, especially the persian, by Step. Weston. *London, S. Rousseau,* 1803, pet. in-8, br. en cart.

Notes et corrections mss.

53. Antiquæ linguæ britannicæ Thesaurus, being a british or welsh-english dictionary...., by Thomas Richards. *Bristol, Felix Farley,* 1753, in-8, d.-r.

Notes mss.

54. A galic and english, and english and galic Dictionary, containing all the words in the scotch and irish dialects of the celtic...., by William Shaw. *London, A. Strahan,* 1780, 2 tom. en 1 vol. in-4, d.-r.

55. Dictionarium scoto-celticum, a dictionary of the gaelic language..., compiled and published under the direct. of

the highland society of Scotland. *Edinburgh, W. Blackwood,* 1828, 2 vol. in-4, pap. vél., rel. en toile, non rogné.

56. Vocabularium anglo-saxonicum, lexico Gul. Somneri magna parte auctius, opera Thomæ Benson. *Oxoniæ, e theatro sheldoniano,* 1701, in-8, front., v. gr.
   Notes mss.

57. Ætymologicum linguæ anglicanæ seu explicatio vocum anglicarum etymologica ex propriis fontibus, scil. ex linguis duodecim... etc., authore Stephano Skinner. *Londini, T. Roycroft,* 1671, pet. in-fol., v. gr. fil.

58. Franc. Junii etymologicum anglicanum, ex autogr. descripsit et accessionibus permultis auctum edidit Edw. Lye; præmittuntur vita auctoris et grammatica anglo-saxonica. *Oxonii, e theatro sheldoniano,* 1743, in-fol., portr., v. ant., fil.
   Notes mss. — Rare.

59. An universal etymological english Dictionary and an interpreter of hard words (by N. Bailey). In-8, sans titre, rel. en p. (très-fatigué).
   Très-rare.

60. Nathan Bailey's dictionary english-german, and german-english.... *Leipzig, Fr. Frommann,* 1801-8, 2 vol. in-8, rel. en toile. (*Piqué.*)

61. Geiriadur saesneg a chymraeg, an english and welsh Dictionary in which the english words...., by William Richards. *Carmarthen, J. Daniel,* 1798, in-8, d.-r., non rogné.

62. Compleet Dictionary english and ducth, to which is added a grammar, for both languages, origin. compiled by Will. Sewel; reviewed, augmented...., by Egbert Buys. *Amsterdam, Kornelis de Veer,* 1766, in-4, m.j.

63. A Dictionary of the portuguese and english languages, in two parts, portuguese and english and english and portuguese, etc., by Ant. Vieyra transtagano. *London, J. Nourse,* 1773, 2 vol. in-4, v. f.

§ V. *Langues septentrionales.*

64. Dictionarium saxonico et gothico-latinum, auctore Edvardo Lye; accedunt fragmenta versionis ulphilanæ; edidit, nonnullis vocabulis auxit, plurimis exemplis illustravit, etc. Owen Manning. *Londini, Edm. Allen,* 1772, 2 tom. in-fol., v. gr.

65. Lexicon islandico-latino-danicum Biörnonis Haldorsonii, ex mss. legati arna-magnœani, cura R. K. Raskii editum; præfatus est P. E. Müller. *Hauniæ, apud J.-H. Schubothum*, 1814, 2 vol. pet. in-4, br. en cart. (XXIV, 488 et 520 p.)

66. Grammaire celto-bretonne, contenant les principes de l'orthographe, de la prononciation, de la construction des mots et des phrases, selon le génie de la langue celto-bretonne, par J. F. M. M. A. Legonidec. *Paris, Lebour*, 1807, in-8, br. en cart.

67. Éléments raisonnés de la langue russe, ou Principes généraux de la grammaire appliqués à la langue russe, par J.-B. Maudru. *Paris, l'auteur*, an X, 2 part. en 1 vol. in-8, d.-r. (*Piqué.*)

68. Dictionnaire allemand, latin et russe (titre en russe). *Catherinebourg*, 1799, in-4, d.-r.

69. Nouveau Dictionnaire portatif français, polonais et allemand (par Jean Wincenty Bandtkie). *Breslau, G. Th. Korn*, 1811, 2 tom. en 1 vol. pet. in-8, rel. en toile.

70. Nouveau Dictionnaire portatif polonais, allemand et français (par le même). *Breslau, W. G. Korn*, 1811, pet. in-8, cart.

71. An english and swedish Dictionary, wherein the generality of words and various significations are rendered into swedish and latin...., by Jacob Serenius. *Harg, P. Momma*, 1757, in-4, d.-r.

72. En dansk og engelsk ord-bog, sammenskrevet af Ernst Wolff. *London, Frys*, 1779, in-4, v. rac.
Notes mss.

§ VI. *Langues orientales.*

73. An entrance into the sacred language, containing the necessary rules of hebrew grammar in english...., by C. Bayley. *London, R. Hindmarsh*, 1782, in-8, d.-r.

74. An hebrew and english lexicon without points...., by John Parkhurst. *London, B. Law*, 1778, in-4, cuir de R.

75. Lexicon ægyptiaco-latinum, ex veteribus illius linguæ monumentis collectum et elaboratum a Maturino Veyssière La Croze; quod in compendium redegit Christ. Scholtz; notulas et indices adjecit Car. Godof. Woide. *Oxonii, e typogr. clarendoniano*, 1775. — Christ. Scholtz Grammatica ægyptiaca utriusque dialecti, quam breviavit, illustr., edidit Car. Godof. Woide. *Ibid., id.*, 1778; 2 tom. en 1 vol. in-4, d.-r.

76. Dictionarium novum latino-armenium, ex præcipuis

Armeniæ linguæ scriptoribus concinnatum.... etc., auctore P. Jacobo Villotte. *Romæ, typis sacr. congreg. de propaganda fide*, 1714, in-fol., v. f. fil.

———

77. Ms. *Kanz al Loghat* (Trésor des langues). Dictionnaire persan, arabe et turc, par le Mollah Mohammed ben Bela. In-fol. de 352 f., rel. O. mar. n.

    Ecriture très-lisible.

78. Thesaurus linguarum orientalium turcicæ, arabicæ, persicæ, præcipuas earum opes a Turcis peculiariter usurpatas continens, nimirum Lexicon turcico-arabico-persicum, etc. operâ Franc. a Mesgnien Meninsky. *Viennæ Austriæ*, 1680. — Complementum Thesauri linguarum orientalium.... *Ibid.*, 1687, 5 tom. en 4 vol. in-fol., v. rac.

    Rare.

79. Grammar of the hindoostanee language or part the third of volume the first of a system of hindost. philology, by J. Gilchrist. *Calcutta, the Chronicle press*, 1796, in-4, d.-r. (336 p.)

    En mauvais état.

80. Dictionary english and hindoostanee, in which the words are marked with their distinguishing initials; as hinduwee, arabic and persian; whence the hindoostanee, etc. by John Gilchrist. *Calcutta, Huart and Cooper*, 1787-90, 2 vol. in-4, v. rac. (LIII, 1032 p. et 184 p., avec 6 p. d'errata.)

    Notes mss. — Très-rare.

81. — Le même ouvrage (*sans titre*). 2 vol. in-4, rel. O. en p.

    Exemplaire interfolié de papier blanc et surchargé de notes et d'additions, qui en font un ouvrage tout à fait nouveau.

82. A Dictionary hindoostanee and english, originally compiled for his owen private use, by Jos. Taylor, revised and prepared by W. Hunter. *Calcutta, T. Hubbard*, 1808, 2 vol. in-4, v. br. (745 et 844 p.)

    Notes et additions mss.

———

83. Ms. Fragment de la *Sarasvati Prakriyâ*, grammaire sanscrite estimée au Bengale; in-8 oblong, de 40 f., caract. dévanâgaris.

    Très-bonne écriture, quoique moderne. — Cet ouvrage ne contient que la déclinaison et la théorie des suffixes.

83 *bis.* **Ms.** Esquisse de grammaire sanscrite, en sanscrit, et avec les termes des grammairiens originaux, sans explication; suivie d'une liste de racines sanscrites, de même sans explication. En caractères devânâgaris. In-fol.
<small>Ecriture moderne sur papier européen.</small>

84. A Grammar of the sanscrit language, by H. T. Colebrooke. T. I. *Calcutta, the honor. Company's press*, 1805, in-fol., d.-r.
<small>Il n'a paru que ce volume.</small>

84 *bis.* — Autre exemplaire (manq. les 22 pages prélimin.), rel. en toile.

85. A Grammar of the sanskrîta language, by Ch. Wilkins. *London, W. Bulmer*, 1808, in-4, pl., v. rac.
<small>Avec beaucoup de notes et d'additions mss.</small>

86. **Ms.** *Dhâtupâtha*, Liste des racines sanscrites distribuées par ordre alphabétique, d'après le recueil de Panini; chaque racine est accompagnée de ses lettres serviles, de l'infinitif, du présent et d'une traduction anglaise. In-4, de 208 pages.
<small>Cette liste, ainsi que l'apprend une note de M. Harriot, a été augmentée de quelques additions, d'après le Siddhânta Kaumudî, par le Pandit Sadâsukha Sarman.</small>

87. The radicals of the sanskrîta language (by Dr Wilkins). *London, Cox and Baylis*, 1815, in-4, d.-r.
<small>Notes et corrections mss.</small>

88. **Ms.** *Amara-Kocha*, Dictionnaire sanscrit d'Amara; gr. in-8 oblong, de 57 f.
<small>Bonne écriture, quoique moderne. — C'est le célèbre Vocabulaire qui a été publié avec une traduction anglaise, à Calcutta, par Colebrooke, et avec une traduction française, à Paris, par Loiseleur des Longchamps; Wilson l'a incorporé tout entier dans son Dictionnaire sanscrit-anglais.</small>

89. *Cosha*, or Dictionary of the sanscrit language by Amera Sinha, with an english interpr. and annotations by H. T. Colebrooke. *Serampoor*, 1808, pet. in-fol., v. rac. (VII, 422 et 219 p.)
<small>Notes et corrections mss. — Très-rare. — Mouillé.</small>

90. *Hêmatchandra-Kôcha*, Vocabulaire d'Hematchandra, imprimé à Calcutta par l'ordre de Colebrooke et par les soins du Pandit Babu Râma. In-8, de 361 p., caract. devanâgari.
<small>Ce Vocabulaire estimé, quoique moderne, a été incorporé par Wilson dans son Dictionnaire sanscrit, et par Râdhâ-Kant-Deb, dans son grand Trésor de la langue sanscrite.</small>

91. A Dictionary sanscrit and english, translated, amended

and enlarged from an original compilation prepared by Learned Natives for the college of fort William, by Horace Hayman Wilson. *Calcutta, P. Pereira*, 1819, in-4, d.-r. (L et 1061 p.)

92. A Dictionary sanscrit and english, by Wilson, in-4, br.
Sans titre et incomplet.

93. Ms. Liste de tous les mots contenus dans l'*Amarakocha*, transcrits d'après l'ordre des matières, et accompagnés d'une traduction anglaise. Pet. in-fol., de 402 p.
Très-bonne écriture indienne. Les 43 premières pages donnent la transcription des mots sanscrits en caractères latins.

94. A Grammar of the bengal language, by Nathaniel Brassey Halhed. *Printed at Hoogly in Bengal*, 1778, in-4, peau de truie.
Rare.

95. An english and burman Vocabulary, preceded by a concise Grammar, by G. H. Hough. *Serampore*, 1825, pet. in-4 obl., rel. en toile.

96. Dissertation on the chinese language (*sans titre*). gr. in-4, d.-r.
Fragment d'un ouvrage imprimé en Angleterre; il s'arrête à la page 222.

§ VII. *Langue persane.*

97. Ms. Grammaire persane, écrite en persan par Rouschen-Ali. Pet. in-4, de 90 f. Toile r.
Le manuscrit n'est pas achevé. — Bonne écriture.

98. A Grammar of the persian language, by William Jones. *London, J. Richardson*, 1775, in-4, v. br.
Notes et additions mss.

98 *bis.* The persian Moonshee, by Francis Gladwin, the third edit. adapted to the use of the college at fort William in Bengal. *Calcutta, Mirror press*, 1799, 2 vol. in-4, pl. v. rac. (T. I. 84, 168 et 66 p. T. II, XXIV et 198 p.)

99. The persian Guide, exhibiting the arabic derivatives by Francis Gladwin. *Calcutta*, 1800, pet. in-fol., d.-r.

100. Ms. *Fewaïd wafiet bihalli mouschkilat al Kafiet*. (Commentaire sur la grammaire arabe intitulée Kafia), par le Scheick Ibn al Hadjib, en arabe. In-8, de 241 f., rel. O. en p.
Bonne écriture. — Le volume a un peu souffert de l'humidité.

101. Ms. Collection de Traités sur la grammaire persane. Gr. in-8, de 117 f., d.-r.

> Le premier de ces traités est le Mizan, de Sadi; les autres sont anonymes et ont été copiés en 1797. — L'écriture du ms. est assez bonne.

102. A new theory and prospectus of the persian verbs, with their hindoostanee synonimes in persian and english, by J. Gilchrist. *Calcutta, Th. Hollingbery*, 1801, pet. in-4, tabl., d.-r. (*rogn. à la lettre.*)

> Notes mss.

103. Ms. *Ferheng-i-Serouri*. Dictionnaire persan, par Mohammed Kasim Serouri de Kaschan, composé en 1599. In-4, de 305 f., rel. O en p.

> Très-bonne écriture.

104. Ms. *Ferhengi Djihanguiri*. Dictionnaire persan, par Djemaleddin Hossein Andjou, composé l'an 1605, et dédié à Djihanguir. In-fol., de 206 f., d.-r.

> Bonne écriture moderne. — Ce ms. est daté de l'an 1215 de l'hégire.

105. *Boorhani-qatiu*, a Dictionary of the persian language explained in persian, by Moohummud Hoosuen Ibni Khuluf oot Tubreezee, corrected and illustrated with persian notes by Thomas Roebuck. *Calcutta, Hindostanee press*, 1818, pet. in-fol. rel. en 2 vol., d.-r. (rogné à la lettre et piqué.)

106. Ms. *Montekhab al Loghat*. Dictionnaire persan et arabe, par Abdoul Reschid Hoseini. In-fol., de 347 f., frontisp. enlum., rel. O. cuir de R.

> Ecriture lisible. — Cet ouvrage, composé l'an 1634, est dédié à Schahjehan.

107. Ms. *Kaschf al Loghat*. Dictionnaire persan et arabe, par Abdurrahim ben Ahmed Sour. 4 vol. in-4, de 628, 696, 710 et 643 pages, rel. O. v. r.

> Le manuscrit est d'une bonne main, et facile à consulter, à cause des vedettes en encre rouge. — Cet ouvrage contient principalement des mots moins usités. Il a paru à Calcutta une édition de ce livre, qui est devenue très-rare.

108. Ms. *Djilwaha-i-Loghat*. Vocabulaire d'expressions figurées. Pet. in-8, de 225 f., d.-r.

> Bonne écriture, mais le manuscrit a un peu souffert des vers.

109. *Anis al Schoara*. (Le Compagnon des poëtes), Dictionnaire des Synonymes, par le Maulawi Abdoul Kerim. 2 vol. in-4, 322 f. de texte et 10 pages de table des matières. Cuir de R.

> Ecriture moderne, très-lisible.

110. **Ms.** *Djami al Temsil.* (Dictionnaire d'expressions proverbiales), par Mohammed Ali Djebelroudi, composé l'an 1644. Pet. in-fol., de 268 f., front. enlum., rel. O. mar. r.
   Bonne écriture.

111. Gazophylacium linguæ Persarum, triplici linguarum clavi italicæ, latinæ, gallicæ, etc., authore P. Angelo à S. Joseph (de Labrosse). *Amstelodami, ex offic. Jansonoi Waesbergiana,* 1684, front. v. rac.
   Peu commun.

112. A Dictionary persian, hindoostanee and english, by Francis Gladwin. *Calcutta, T. Hubbard,* 1809, 2 vol. pet. in-4, mar. r.

113. A Dictionary persian, hindoostanee and english; including synonyma, by Fr. Gladwin. *Calcutta, T. Hubbard,* 1809, 2 vol. pet. in-4, rel. O. en peau.

114. Dictionary persian, arabic and english, by John Richardson. *London, S. Rousseau,* 1800, 2 vol. in-fol., cuir de R. fil.
   Cette édition a coûté 450 fr.

115. Dictionary persian, arabic and english, with a dissertation on the languages, literature, etc. by J. Richardson; new edit., with numerous additions by Ch. Wilkins. *London, W. Bulmer,* 1806, in-4, d.-r. T. 1.
   Notes mss.

§ VIII. *Langue arabe.*

116. A Grammar of the arabic language, in which the rules are illustrated by authorities from the best writers, by J. Richardson. *London, Murray and Highley,* 1801, in-4, bas. br.

117. The *Miut amil,* and shurœ miut amil, two elementary treatises on arabic syntax, translated from the original arabic, with annotations. etc., by A. Lockett. *Calcutta, P. Pereira,* 1814, pet. in-fol., cuir de R., fil. dent. tr. d.
   Très-rare.

118. *Meeut at aamel...* An entire and correct edition of the five books upon arabic grammar, which, together with the principles of inflection in the arabic language..., by John Baillie. *Calcutta, the honor Company's press,* 1802-05, 3 vol. in-4, v. rac. fil.
   Très-rare.

119. Lexicon linguæ arabicæ in Coranum, Haririum et vitam Timuri, auct. Joanne Willmet. *Lugduni Batavorum, Sam. et Joh. Luchtmans,* 1784, in-4, br. en cart.

120. The *Soorah*, a Dictionary of arabic words, explained in persian by Abool Fuzl Moohummud bin Omr bin Khalid, etc. revised and corrected by Muoluvees Durvesh Ulee, Jan Ulee, etc. *Calcutta, Muoluvee shookr oolluh*, 1812-15, 2 vol. in-4, rel. en toile. (1395 p.)

121. Ms. *Sorah al Loghat*. Dictionnaire arabe expliqué en persan par Aboulfazl Mohammed el Karschi. Gr. in-8, de 561 f., rel. O. en p.

   Très-belle écriture. — C'est la traduction persane du célèbre Dictionnaire arabe de Djauhari.

II. POÉSIES ET CONTES.

122. *Prem Sagar*, ou l'Océan de l'affection, histoire de Krichna, composée en bradj bhakha d'après le Xe livre du Bhâgavata Purâna, et traduite du bhakha en hindi. 1804, in-4.

   Ce volume, d'une édition qui n'est pas très-commune, est malheureusement un peu endommagé; il est incomplet, et renferme 12 pp. mss. qui ne terminent pas l'ouvrage.

123. Ms. *Sri Baghavat*, traduction persane du Xe livre du Bhagavata Pourana, relatif à Krischna, par le scheikh Feïzi. Pet. in-4, de 191 f., rel. O. en p.

   Il manque quelques feuillets de la table des matières, qui se trouve à la tête de l'ouvrage. — Bonne écriture.

124. Ms. *Mahabharata*, épopée indienne traduite du sanscrit en persan, par ordre de l'empereur Akbar. 5 vol. in-4, d.-r.

   D'une main moderne et médiocre. — Ces volumes contiennent les livres 3, 4, 5, 6, 7, 8, 10, 11, 12, 14, 15, 16, 17 de l'ouvrage.

125. The Ramayuna of Valmeeki, in the original sungskrit, with a prose translation and explanatory notes by W. Carey and Joshua Marshman. *Serampore*, 1806-10, 3 vol. in-4, d.-r. (III, 656, 522 et 492 p.)

   Beaucoup de notes et d'additions mss. — Manquent les pages 601-608 du premier volume. — Le troisième est rogné de plus près que les autres.

126. The *Megha duta*, or Cloud Messenger: a poem in the sanscrit language, by Calidasa, translated into english verse, with notes and illustrations by Horace Hayman Wilson. *Calcutta, P. Pereira*, 1813, gr. in-4, cuir de R. (IX et 119 p.)

127. Select specimens of the Theatre of the Hindus, translated from the original sanscrit, by Horace Hayman Wilson. *Calcutta, V. Holcroft*, 1827, 3 vol. in-8, rel. en 2, rel. O. mar. j. (8 part. de 204, 105, 133, 114, 156, 77, 79 et 107 p.)

   Notes et corrections mss.

128. Ms. *Kulliyât-i Rafi al saouda* (œuvres de Saoudâ). In-4, de 282 f., toile viol.

> Ce ms. contient les poésies de *Rafi eddin Saoudâ*, le plus célèbre des poëtes hindoustanis modernes, auquel ses compatriotes donnent le nom de *Malik al schoara*, c'est-à-dire roi des poëtes ; titre musulman qui équivaut à l'expression hindoue de *Maha-Kavi*, ou *grand poëte*. Il naquit à Dehli, au commencement du dix-huitième siècle, et mourut à Laknou, capitale du royaume d'Oude, en 1780. On trouve d'abord dans ce ms., comme dans tous ceux de Saouda, son *Diwan* hindoustani, de nombreux kasidas, mesnewis et autres poëmes, aussi en hindoustani, enfin des satires, genre dans lequel les Indiens pensent qu'il a excellé.
>
> Ce ms. contient en outre plusieurs morceaux de poésie qu'on ne trouve ordinairement pas dans les recueils des poëmes de Saouda, savoir : un *Kasida* en persan sur Mahomet, composé en l'année 1183 de l'hég. (1768-69), un *Diwân* ou collection de *Ghazels*, aussi en persan ; différentes pièces fugitives en hindoustani, entre autres un assez long poëme érotique ; enfin des observations sur les *marcyas* (complaintes sur la mort de Hoseïn) et sur les *Salâms* (pièces d'éloge).
>
> Ce ms. est malheureusement piqué des vers, mais l'écriture en est belle et correcte. Il y a deux jolis *anwân* ou titres ornés d'arabesques. Les feuillets qu'on trouve çà et là, d'une écriture plus récente et d'un papier différent de celui du manuscrit, contiennent des additions au texte primitif.

129. Ms. *Kholaset el Aschar*, choix de poésies persanes, fait au quinzième siècle, et composé de morceaux tirés de quarante-neuf poëtes. In-8, de 230 f., rel. O. mar. r.

> Beau ms. à filets d'or, orné de quelques miniatures, et entremêlé de papiers en couleurs. Il a souffert de l'humidité et des vers.

130. Ms. Extraits de différents poëtes persans. 2 tom. rel. en 1 vol. in-4, de 249 f., cuir de R. fil.

> Belle écriture moderne. — Cet ouvrage contient des odes de Khakani, d'Amir Khosrou et autres poëtes célèbres.

131. Ms. *Saki Naméh* (le Livre de l'Echanson), par Zohouri; in-8, de 135 f., d.-r.

> Bonne écriture. — A la fin du volume se trouvent quelques feuillets d'une autre collection de poésies.

132. Ms. *Kulliyat-i-Anweri*, œuvres d'Anweri, célèbre poëte du douzième siècle. Pet. in-fol., de 345 f., rel. O. en p.

> Le volume est incomplet, mais il paraît contenir le *Diwan* en entier.

133. Persian classicks. The Gûlistân of Sâdy, with an english translation, by Francis Gladwin. *Calcutta, Hindostanee press*, 1806, pet. in-fol., d.-r. (337, 273 et LII p.)

> Très-rare.

134. Le Gulistan de Sadi, imprimé à Tebriz, 1821; pet. in-4, (148 p.) mar. r.

Très-jolie et très-correcte édition, *imprimée par l'ordre du prince royal* (Abbas Mirza), suivant une note de M. Hurriot.

135. Ms. *Bostan* de Sadi. Pet. in-fol., de 144 f. Belle rel. O. mar. r.

    Bonne écriture moderne.

136. Ms. *Diwan-i-Khosrou*, Diwan d'Amir Khosrou de Dehli, écrit au commencement du quatorzième siècle. In-8, de 407 f., d.-r.

    Bonne main moderne.—Amir Khosrou est le plus célèbre des poëtes persans de l'Inde.

137. Ms. *Diwan-i-Khosrou*, Diwan d'Amir Khosrou. Gr. in-8, de 686 p., rel. O. mar. r. dent., coins et plaque.

    Très-belle écriture. — Les titres des pièces sont en or, ainsi que l'encadrement des pages; la première est très-richement enluminée.

    Ce superbe manuscrit a été pris dans la bibliothèque de Tippo-Saïb, par le général anglais Collett, lors de la prise de Seringapatam.

138. Ms. *Diwan* de Hafiz. Gr. in-8, de 214 f., rel. O. mar. r. à recouvr.

    Ecriture ordinaire, mais lisible. — Ce ms. a appartenu à Scheidius, à qui Golius l'avait donné, et porte la signature autographe de ce savant orientaliste.

139. The works of dewan Hafez : with an account of his life and writings. *Calcutta*, *A. Upjohn*, 1791, pet. in-fol. mar. r.

    Très-rare.

140. An introduction to the *Anvari Soohyly* of Hussein vaiz Kashify, by Charles Stewart. *London*, *W. Bulmer*, 1821, in-4, pap. vél., br. en cart.

141. Le ms. *Schah Nameh* de Firdousi (le Livre des Rois), épopée nationale de la Perse. In-fol., de 1482 p., front. enlum., rel. O. en p.

    Daté de l'an 1194 de l'hégire. — Belle écriture. — Ce ms. contient une préface avec la satire de Firdousi contre Mahmoud.

142. The poems of Ferdosi, translat. by Jos. Champion. T. I. *Calcutta*, *J. Hay*, 1785, pet. in-fol., rel. O. en p. (315 p.)

    La suite n'a pas paru.

143. The Shah nama, being a series of heroic poems, on the ancient history of Persia from the earliest times down to the subjugation of the persian empire by its Mohammudan conquerors, under the reign of king Yazdijurd, by Abul

Kaasim i Firdousi (edit. by Lumsden). *Calcutta, Company's press*, 1811, in-fol., v. rac. fil.
Tome 1er, seul publié.

144. *Soohrab*, a poem, freely translated from the original persian of Firdousee, by James Atkinson. *Calcutta*, *P. Pereira*, 1814, gr. in-8, v. bl. fil. (xxv et 367 p.)
Avec des corrections mss., et précédé d'une longue note.

145. *Pendeh-i-Attar*, the counsels of Attar, edited from a persian manuscript, by J. H. Hindley. *London, Black*, 1809, pet. in-8, pap. vél., v. ant.

146. Ms. *Diwan-i-Aftab* (Poésies persanes d'Aftab). Pet. in-fol., de 127 f., frontisp. enlum., rel. O. mar. r.
Très-belle écriture.

147. Ms. Commentaire en persan sur les vers du khalif Ali. In-fol., de 246 f., d.-r.
Assez mauvaise écriture. — Le volume a beaucoup souffert de l'humidité. Il porte par erreur sur le dos le titre de *Rozat al Saffa*, vol. I.

148. Ms. *Beharistan-i-Djami*, le Jardin du printemps, par Abdourrahman Djami. In-fol., de 71 f., d.-r.
Belle écriture moderne.

149. Ms. *Mihr we Muschteri* (le Soleil et Jupiter). Poëme mystique de Schemseddin ben Mohammed al Assar de Tebris. In-8, de 199 f., front. enlum. et têtes de chapitre en or et en couleurs. Jolie rel. O. mar. olive à plaque et à recouvr.
Très-belle écriture. — Joli manuscrit copié en 1554.

150. Ms. *Mesnewi* de Djelaleddin Roumi, In-8 de 435 f., rel. O. mar. r.
Belle écriture. — Filets d'or et ornements en couleur. — Les marges portent un commentaire qui a été recouvert en partie par des réparations que l'état du ms. avait rendues nécessaires. — Ouvrage classique pour le Soûfisme.

151. Ms. *Anis al Arafin* (le Compagnon des Mystiques), petit traité en vers. In-12, de 34 f., d.-r.
Bonne écriture.

152. Ms. *Diwan-i-Saïb*, collection de poésies mystiques de Saïb, composées au dix-septième siècle. In-8, de 175 f., d.-r.
Ecriture médiocre.

153. *Mischcat al Masabih*, alias Mischcat e sharif, by major Mathews. *Calcutta*, pet. in-fol., d.-r. (817 p. et 12 p. d'index.)
Manquent le titre, les 76 premières pages et la dernière.

154. Ms. Vers persans, Pet. in-8 conten. une trentaine de pages de fragments, d.-r.

155. Ms. *Khamseh-i-Nizami* (les cinq livres de Nizami). In-8, de 380 f., v. bl. fil.

> Belle écriture. — Quelques piqûres dans les marges. — Ces cinq poésies de Nizami, qui se trouvent ordinairement réunies sous ce titre, sont :
> 1° Le *Makhzen Asrar* (théologie mystique) ;
> 2° *Khosrau et Schirin*, poème romantique ;
> 3° *Leïla et Medjnoun*, (sur les amours de Leïla et Medjnoun) ;
> 4° *Haft Peïker* (les sept figures), contes ;
> 5° *Iskander Nameh* (l'histoire d'Alexandre le Grand).

156. Ms. *Makulat-i-Djafar*, pièces en prose et en vers persans, par Djafar Mohammed Zelali. In-8, de 48 f., mar. r. (en persan).

> Incomplet à la fin, et d'une écriture médiocre.

157. Ms. *Kulliyat-i-Namet Khan*, collection de pièces en vers et en prose de Namet Khan Ali, auteur musulman de l'Inde, de la fin du dix-septième siècle. In-8, de 113 f., rel. en p. (en persan).

> Bonne écriture.

158. Ms. *Touti Nameh* (le livre du Perroquet), collection de contes, en persan, par Ziat Nakschabi; in-8, de 199 f., d.-r.

> Ecriture lisible.

159. Ms. Recueil, in-4, de 105 f., rel. O., en p., contenant :
— 1° *Higayet-i-Firouzschah*, contes persans sur Firouzschah ; — 2° *Touti Nameh*, Abrégé du Livre du Perroquet en persan.

> Bonne écriture moderne.

160. Ms. Recueil, in-4, de 148 f., rel. O. mar. r., contenant :
— 1° *Kisseh-i-Firouzschah*, histoire de Firouzschah, fils du roi de Badakhschan, conte persan ;
— 2° *Kisseh-i-Husnara*, conte persan.

> Ecriture moderne, très-lisible ; les feuillets sont écrits d'un seul côté.

161. Ms. *Ayar-i-Danish*, traduction persane de Kalila et Dimna, par Ahoulfazl ; 2 vol. in-4, de 220 et 265 f., rel. O. en p.

> Bonne écriture moderne. — M. Scott a publié une traduction anglaise de cet ouvrage, célèbre pour son style raffiné.

---

162. Specimens of arabian poetry from the earliest time to the extinction of the Khaliphat, with some account of the authors, by J. D. Carlyle. *Cambridge, J. Burges*, 1796, in-4, pap. vél., v. rac. fil. (IX et 188 p.)

III. MÉLANGES.

163. Bibliothèque orientale, ou Dict. univ. contenant tout ce qui regarde la connaissance de l'Orient, par d'Herbelot. *Maestricht, J.-E. Dufour et Ph. Roux*, 1776. — Supplément par C. Visdelou et A. Galand, 1780; 2 part. en 1 v. in-fol., cuir de R. fil.

164. The Works of sir William Jones, with the life of the author by Teignmouth. *London, J. Stockdale*, 1807, 13 v. in-8, portr., d.-r.

165. Specimens of hindoo litterature, consisting of translations from the tamoul language..., with explanatory notes... by N. E. Kindersley. *London, W. Bulmer*, 1794, in-8, fig., v. gr.

166. The oriental Miscellany, consisting of original productions and translations. *Calcutta*, 1798, in-8, fig., d.-r. (II et 295 p.)

167. Annals of oriental litterature. T. I. (*sans titre*), in-8, d.-r.

168. Ms. Recueil de pièces en persan, in-4, de 50 f., rel. O. en p.; contenant :
   1° *Mesnewi*, par Mohammed Ali Rafat de Vasti;
   2° Une préface au Livre des Rois de Firdousi, composée en 1224 de l'hégire, par le mollah Aboul Kasim Sasani de Patna;
   3° *Ahwal-i-Kek Kouhzad*, aventure de Kek Kouhzad. C'est un prétendu épisode de Firdousi.

Bonne main moderne.

169. Ms. Recueil de pièces en persan, gr. in-8, de 87 f., d.-r. ; contenant :
   1° Lettres d'Aboulfazl, feuillets 1-31. La fin de l'ouvrage manque ;
   2° *Farhet al Nazirin* (les Délices des Spectateurs), par Mohammed Aslam de Feïzabad.

C'est une histoire abrégée des prophètes et des empereurs de l'Inde, composée en 1771 pour l'empereur Schah Alem. — La première page et la fin de l'ouvrage manquent.

170. Ms. Recueil, in-4, de 160 f., toile bl.; contenant :
   1° *Lawami al Aschrak* (les Rayons du soleil levant), traité de morale en persan.

Cet ouvrage contient 265 pages; il est d'une belle écriture moderne, mais quelques parties ont été attaquées par les vers.

   2° *Inscha-i-Aboulfazl* (collection de Lettres), par Aboulfazl, vizir d'Akbar.

Mauvaise main moderne.

171. Ms. Recueil, gr. in-8, de 59 f., d.-r.; contenant :

1° *Djam-i-Djihan Numa* (le Miroir du Monde), par Aboul Kasim Ibn Ali Semnani Sasani, en persan.

> Ce petit ouvrage, qui ne peut pas être antérieur au dix-septième siècle, paraît être un Traité sur l'histoire des sciences. — La copie est d'une bonne main moderne.

2° *Tarikhi Schakiamouni* (l'Histoire de Bouddha, traduite de l'arabe en persan).

> Ecriture moderne.

172. Ms. Recueil de pièces persanes, in-8, de 110 f., rel. O. en p.; contenant :

1° *Nazri Zohouri*, traités en prose par Zohouri;

2° *Heiret al Fikh*. Ouvrage du treizième siècle, qui forme une espèce de catéchisme des cas de conscience;

3° *Tofhet-al-Nesaïh*. Ce livre est en vers, et contient des préceptes religieux.

> Ces ouvrages sont de différentes mains modernes, mais lisibles.

173. Ms. Recueil de pièces persanes diverses, in-8, de 144 f., d.-r.

> Il se trouve parmi ces pièces un Traité sur les expressions qui se rapportent au corps humain, une pièce de vers sur la création, etc. Quelques-unes des pièces contenues dans ce recueil sont incomplètes. — Ecritures de différentes mains. — Ce ms. a des piqûres de vers.

174. Ms. Mélanges, in-fol., cart.

> Extraits de l'Edda et autres ouvrages scandinaves, Vocabulaire islandais, Vocabulaire hindostani-anglais, fragments en persan, exercices en hébreu et en persan, etc. — Ecritures de différentes mains.

175. Mélanges, in-fol., cart.

> Ce sont des notes de toutes espèces, des lettres en anglais et en persan, des modèles d'écriture, des fragments de journaux indiens, etc., collés sans ordre dans un livre.

176. Ms. The Mofussul Magazine, in-4.

> Six numéros d'un journal mensuel publié à Mourschedabad, par John Addison, et contenant des essais sur divers sujets. — Les articles signés J. S. H. sont de M. Harriot.

177. Transactions of the royal asiatic Society of Great Britain and Ireland. *London, Cox and Baylis*, 1824-35, 3 vol. en 9 fasc. In-4, br. et rel.

> Chaque volume est composé de trois fascicules, et non de deux, comme le dit M. Brunet dans ses *Nouv. Rech.*

178. The Journal of the asiatic Society of Bengal, edited by James Prinsep. *Calcutta*, 1832-33, 2 v. in-8, br. en cart.

179. De anno civili et calendario veteris Ecclesiæ seu reipublicæ judaicæ Dissertatio (à Johanne Seldeno). *Londini*,

R, *Bishopius*, 1644. — J. Seldeni liber de Nummis (*sans titre*). — Ph. Labbe Bibliotheca nummaria. *Londini, Moses Pitt*, 1675. — Elementa linguæ persicæ, authore Johanne Gravio ; item anonymus Persa de siglis Arabum et Persarum astronomicis. *Londini, J. Flesher*, 1649; en tout 4 pièces en 1 vol., petit in-4, d.-r.

180. An Essay on persian Music (by Fr. Gladwin). — The Dabistan or school of manners (by the same). (Fragment: de la p. 261 à 355.) — Dissertations on the rhetoric the prosody and rhyme of the Persians, by F. Gladwin. *Calcutta, Telegraph press*, 1798; in-4, rel. en toile. (170 p.)

181. Philo-narud's reply to Rammohun Roy. — Narud and Cali Persand. — Essay on persian music. — Et autres extraits de journaux, in-4, rel. en toile.

182. Sharhu miut amil, or a commentary on the hundred governing powers. (Fragment d'un livre imprimé dans l'Inde.) — Lettre sur une inscription phénicienne trouvée à Athènes, par Akerblad. *Rome, Bourlié*, 1817, pl. ; 2 part. en 1 vol., in-4, v. f.

183. Opuscules de Silvestre de Sacy, 2 vol., in-8, v. éc.
  Recueil factice, contenant : Notice de l'ouvrage intitulé *Descript. de la Chorasmie, du Mawara'lnahr, de l'Arabie*, etc., par Démétrius Alexandridès. — Notice des mss. laissés par dom Berthereau. — Lettre sur une inscription grecque découverte à Axum. — Lettre sur les inscriptions des monuments persépolitains, pl. — Lettre sur l'étymologie du nom des *Assassins*. — Extrait du rapport lu à l'Institut, sur les recherches faites dans les archives de Gênes. — Mémoire sur la dynastie des Assassins, et sur l'origine de leur nom. — Notice du livre d'Enoch. — Observations sur le nom des Pyramides. — Notice d'une dissertation de J. D. Akerblad, intit. *Inscriptionis Phœniciæ oxoniensis nova interpretatio. Paris, Didot*, 1803. — Traité des poids et mesures légales des Musulmans, trad. de l'arabe de Makrisi, *Ibid.*, *id.*, an VII. — Traité des monnaies musulmanes, trad. de Makrisi. *Ibid., Impr. du Mag. Encycl.*, 1797. — Lettre au sujet de l'inscription égyptienne trouvée à Rosette. *Ibid., Imp. de la Répub.*, 1802, pl. — Lettre relativement à l'ouvrage intit. *Des Juifs au dix-neuvième siècle. Ibid., de Bure*, 1817. — Notice de la Géographie orientale d'Ebn-Haukal, trad. du persan par W. Ouseley. *Ibid., Didot*, 1802. — Notice de l'ouvrage intit. *Abdolatiphi Historiæ Ægypti compendium.*— Notice de l'ouvrage intit. *Le livre de Kabous.*

  La plupart de ces pièces sont extraites du *Magasin Encyclopédique*, et n'ont pas été réimprimées ailleurs.

HISTOIRE.

§ I. *Géographie et voyages.* — *Histoire des religions, etc.*

184. Carte représentant le système du monde ou des sept continents, tel que le conçoivent les Hindous, dessinée sur les deux côtés d'une feuille de papier persan, et écrite en caractères devanâgaris très-lisibles.

Notes au crayon, de M. Harriot.

185. A map of Hindoostan or the Mogol empire, by J. Rennell. *London*, 1788, gr. carte sur toile.

186. Asia, by A. Arrowsmith. (*Lond.*) 1801. gr. carte sur toile.

187. — La même en 4 f.

188. Map of the countries lying between the Euphrates and Indus on the East and West, and the Oxus and Terek and Indian Ocean on the north and south..., by J. Macdonald Kinneir. *London, Arrowsmith*, 1813, gr. carte sur toile.

189. Cartes (8) de différentes parties de l'Asie, par le major Rennel.

190. Cartes (9) du cours des fleuves de l'Inde, de diverses contrées asiatiques, plans de bataille, etc., par Colebrooke.

---

191. Travels in the two Siciles, by Henry Swinburne. Vol. I. *Lond., P. Elmsly*, 1783, in-4, cartes et fig., v. rac.

192. A journey from India to England, through Persia, Georgia, Russia, Poland and Prussia, by John Johnson. *London, Longman*, 1818, in-4. fig. color., d.-r.

Avec notes et dessins ajoutés.

193. Ms. Voyages de Mirza Abou Thaleb, en Europe. In-4, de 371 f., d.-r.

Bonne écriture. — Abou Thaleb était né à Ispahan, et a vécu à Calcutta, d'où il a fait, il y a à peu près trente ans, un voyage en Angleterre et en France. Cet ouvrage a été publié en persan à Calcutta, et en anglais à Londres.

---

194. Ms. *Dabistan* (histoire des Religions). In-4, de 348 f., rel. O. en p.

Bonne écriture moderne. — Gladwin a publié à Calcutta deux chapitres de cet ouvrage. C'est un livre d'une grande importance pour l'histoire des religions.

195. *Dabistan* (histoire des Religions). Édition de Calcutta, 1809, in-4, v. ant. dent. (528 p.)

196. The history of the Flagellants, or the advantages of discipline, being a paraphrase and commentary on the *Hist.*

Flagell. of the abbé Boileau, by Somebody. *London, Fielding*, 1777, in-4, fig., v. f. fil.

198. Mémoire sur les Kabir Pantis, secte de déistes de l'Hindoustan, par John-Staples Harriot. *Paris, Impr. roy.*, 1832, in-8. (24 p.)

<small>Extrait du *Nouv. Journ. asiatique.*</small>

198. Remarques sur un écrit de M. P.... (Paw), intitulé : *Recherches sur les Egyptiens et les Chinois.* in-4, br. en cart.

<small>Extrait du T. VI des *Mémoires concernant les Chinois.* Paris, 1779.</small>

199. Northern antiquities : or a description of the manners, customs, religion and laws of the ancient Danes and other northern nations; including those of our own saxon ancessors, with a translation of the Edda, or system of Runic mythology, and other pieces, from the ancient islandic tongue, transl. from Mallet's *Intr. à l'Hist. du Danemark*, with additional notes by translator and Goranson's latin version of the Edda. *Lond., T. Carnan*, 1770, 2 vol. in-8, bas. j.

200. The natural history of Aleppo, containing a descript. of the city and the principal natural productions in its neigbourhood, together with an account of the climate, inhabitans, etc., by Al. Russell, second edit. revised, enlarged and illustr. with notes by Pat. Russell. *London, J. Robinson*, 1794, 2 vol. in-4, fig., v. gr. fil.

§ II. *Histoire orientale.*

201. Oriental antiquities and general view of the othoman customs, laws and ceremonies.... translat. from the french of M. de M. —d'Ohsson. *Philadelphia, printed for the select committee...*, 1787, in-4, d.-r.

202. Memoir on the ruins of Babylon, by Cl. James Rich. *London, Longman*, 1818, in-8, fig., d.-r.

203. Ms. Inscriptions arabes du Tadj-Mahal à Agra. In-4, de 72 f. d.-r.

<small>Belle écriture. — Une partie des inscriptions est accompagnée d'une traduction anglaise.</small>

204. Indian antiquities : or dissertations relat. to the ancient geographical divisions, the pure system of primeval theology, the grand code of civil laws, the original form of governement, etc., of Hindostan, compared with the religion, laws, governement and litterature of Persia,

Egypte and Greece, etc. (by Thomas Maurice). *London, H. L. Galabin*, 1792—1800, 7 vol. in-8, cartes et fig., d.-r.

205. The seïr mutaqherin, or view of modern times; being an history of India from the year 1118 to the year 1194 of the Nedjrah... Vol III. *Calcutta, printed for the translator*, 1789, in-4, rel. O. en p. f. (453 p.)

206. Ms. *Haft Iklim* (les Sept climats), par Amin Ahmed Razi. Gr. in-8, de 418 f., d.-r.

Très-maltraité par les vers, incomplet à la fin et au milieu. — Cet ouvrage, composé au seizième siècle, contient des données géographiques très-abrégées, et suivies de biographies détaillées des poëtes et autres personnages célèbres qui sont nés dans les différentes localités mentionnées dans l'ouvrage.

207. *Ayeen Akbery*, or the institutes of the emperor Akber, translat., from the orig. persian, by Francis Gladwin. *Calcutta*, 1783-86, 3 vol. in-4, différ. rel. O. en p. (XXVIII, 387, 275, 214 et 114 ; plus 62 p. d'index non numérotées.)

Très-rare.

208. A memoir of central India, including Malwa and adjoining provinces, with the history and copious illustr. of the past and present condition of that country, by major-general sir John Malcolm. *London, Kingsbury*, 1824, 2 vol. in-8, 3 cartes, v. f.

209. Amended code of regulations relative to the decennial settlement of Bengal, Behar and Orissa. *Calcutta, Company's press*, 1792, in-4, cart.

210. The Asiatic annual register, or a view or the history of Hindustan and of the politics, commerce and literature of Asia. *London, J. Debrett, T. Cadell*, 1800-07, 6 vol. in-8, br. en cart.

Années 1799, 1800, 1801, 1802, 1803, 1805.

211. The Asiatic journal and Monthly register for british India and its dependencies; vol. V, VII, VIII, IX et X. *London, Black*, 1818-20, 5 vol. in-8, v., cuir de R. et d.-r.

212. The history of Hindostan; translat. from the Persian, revised, corrected, etc., by Alex. Dow. *London, T. Becket*, 1770-72, 3 vol. in-4, fig., v. f.

213. The history of Hindostan, volume the first, discussing the indian cosmogony, the four yugs, or grand astronomical periods, the longevity of the primitive race and other interesting subjects of antediluvian history, etc. (by Th. Maurice.) *S. l. ni d. (London,   )* in-4, d.-rel. non rogné.

214. The history of Hindostan during the reigns of Jehangir, Shahjehan, and Aurungzebe, by Francis Gladwin. *Calcutta, Stuart and Cooper*, 1788 (XVIII et 132 p.). — Synopsis propositorum sapientiæ arabum philosophorum, inscripta speculum mundum repræsentans, ex arabico sermone latini juris facta ab Abrahamo Ecchellensi. *Parisiis, Ant. Vitray*, 1641; en 1 vol. in-4, d.-r.

215. A view of the history, literature and mythology of the Hindoos, including a minute descript. of their manners and customs and translations from their principal works, by W. Ward.; sex. edit. *Serampore, mission press*, 1818; 2 vol. in-4, d.-r. (LX et 630, LXXX et 488 p.)

Beaucoup d'additions mss.

216. Ms. *Mulfuzat-i-Timouri*. Autobiographie de Timour, traduite du turc djagataï en persan par Abou Thaleb Huseïni. In-8, de 349 f., d.-r.

La première page, les feuillets 5, 7, 8, 9, et la fin de l'ouvrage, manquent. — Belle écriture.

217. Ferishta's history of Dekkan from the first mahummedah conquests..., and the history of Bengal from the accession of Alaverdee Khan to the year 1780, by Jonathan Scott. *Shrewsbury, J. and W. Eddowes*, 1794, 2 vol. in-4, rel. O. en p.

218. Ms. *Raja Taranguini*. Histoire du Kachemir, traduite du sanscrit par ordre de Djihanguir, l'an 1617. Pet. in-8, de 162 f. sur papier rose, rel. O. mar. rac. dent.

Ecriture très-lisible.

219. Ms. Autobiographie de l'empereur Djihanguir. Pet. in-fol., de 317 f., rel. O. en p.

Belle écriture. — Ce volume porte en persan le titre suivant : «Lettre de Bahram, écrite d'auprès du Khakan, au roi Hormuzd.» C'est évidemment par erreur que ce titre a été placé en tête du volume.

220. Ms. *Tarikh-i-Guzideh*. Histoire de Mohammed Kothb Schah, roi de Golconde, et de ses prédécesseurs. Pet. in-fol., de 171 f., rel. O. mar. r.

Bonne écriture. — L'histoire des rois de Golconde est une des parties de l'histoire indienne sur laquelle on possède le moins de détails, et Ferischta lui-même avoue qu'il n'a pas réussi à se procurer une histoire particulière de cette dynastie. M. Briggs en a découvert une et l'a insérée dans sa traduction de Férischta, mais elle est infiniment moins détaillée que le Tarikhi Guzideh.

221. Ms. *Akbar Nameh*. Histoire de l'empereur Akbar. In-fol. obl., de 461 f., d.-r.

Ce manuscrit a beaucoup souffert par les vers, et a été grossièrement raccommodé.

222. Ms. *Tarikh-i-Schah Aliem* (Histoire de l'empereur Schah Alem). Pet. in-fol., de 495 f., d.-r.
   Très-belle écriture.

223. Ms. *Rozet al Saffa*, (vol. III, IV, V et VI). Histoire générale par Mirkhond. 4 vol., pet. in-fol., d.-r.
   Le vol. III, de 190 f., d'une belle main, contient la Vie des douze Imans et l'histoire du Khalifat, depuis Moawin jusqu'à la fin.
   Le vol. IV, de 129 f., d'une main très-lisible, contient l'histoire des dynasties persanes, contemporaines de Khalifat.
   Le vol. V, de 299 f., d'une fort belle main, contient l'histoire de Djenguiskhan et de sa dynastie.
   Le vol. VI, de 330 f., d'une écriture très-lisible, contient l'histoire de Timour et de sa dynastie.
   Ce manuscrit, rare et précieux, est malheureusement incomplet.

224. Ms. Histoire de Perse; gr. in-8, de 274 f., d.-r.
   Ce ms., étiqueté à tort *Rozat al Saffa, vol. II*, n'est pas de Mirkhond. Le commencement et la fin du volume manquent; il contient une histoire des anciennes dynasties de la Perse, des Sassanides, des dynasties du Mazenderan, Thaberistan, Ghilan, etc., et des dynasties musulmanes, de la Perse contemporaine au Khalifat, jusqu'au douzième siècle de notre ère. Il est médiocrement écrit, et a souffert de l'humidité.

225. Mémoires sur diverses antiquités de la Perse et sur les médailles des rois de la dynastie des Sassanides, suiv. de l'hist. de cette dynastie, trad. du persan de Mirkhond, par A. I. Silvestre de Sacy. *Paris, Impr. Nation.*, 1793, in-4, fig., d.-r.

226. Epitome of the ancient history of Persia, extr. and transl. from the Jehan Ara, a persian manuscript, by W. Ouseley. *London, Cooper and Wilson*, 1799. Pet. in-8, pap. vél., fig., d.-r. non rogné.
   Envoi de l'auteur au voyageur Francklin.

227. Ms. *Nadir Nameh* (Histoire de Nadir Schah), par Mohammed Mahdi. Pet. in-fol., de 244 f., rel. O. en p.
   Bonne écriture. — Ce ms. a beaucoup souffert des vers.

228. A tour to Sheeraz, by the route of Kazroon and Feerozabad, with various remarks on the manners, customs, laws, language, and literature of the Persians, to which is added a history of Persia..., by Edw. Scott Waring. *London, T. Cadell*, 1807, in-4, v. éc.

229. Observations on the oriental origin of the Romnichal or tribe miscalled Gypsey and Bohemian, by Colon. John Staples Harriot. *London, J. L. Cox*, 1830, in-4, d.-r. (42 p.)
   Extr. des *Transact. of the roy. asiat. soc. of Great Britain*, t. II.

230 — Un second exemplaire, d.-r.

231. Ms. *Rozet al Ahbab* (le Jardin des Amis), Vies de Mahomet, de ses compagnons et des douze Imams, composées dans le quinzième siècle, par Mir Djemaleddin Athaï Allah ben Fadhl. Gr. in-4, de 882 f., rel. O. mar. r.

Daté de l'an 973 de l'hégire. — Bonne écriture.

232. Gallia Orientalis, sive Gallorum qui linguam hebræam vel alias orientales excoluerunt Vitæ, labore et studio Pauli Colomesii. *Hagæ-Comitis. Adr. Vlacq*, 1665, pet. in-4. v. br.

233. Memoirs of the life, writings and correspondence of sir Williams Jones, by lord Teignmouth. *London, J. Hatchard*, 1806, 2 vol. in-8. portr., d.-r.

FIN.

Imprimerie de Hennuyer et Turpin, rue Lemercier, 24. Batignolles.

SOMMAIRES DES NUMÉROS PARUS
DU BULLETIN DE L'ALLIANCE DES ARTS.

No 1. — Prospectus. — Introduction au BULLETIN DE L'ALLIANCE DES ARTS. — La galerie du cardinal Fesch. — Musée Standish. — Nouvelles et faits divers. — Variétés. Galerie de sir Robert Peel. Galerie d'Hampton-Court. — Recherches sur les reliures de la bibliothèque de Thou. — Annonces.

No 2. — Restauration ou détérioration des tableaux du Louvre. — Gaspillage des bibliothèques. — Nouvelles et faits divers. — Correspondance. — Variétés. Coup d'œil rétrospectif sur les anciennes collections. Cabinet d'Antoine Crozat. Galerie de M. le comte Pourtalès-Gorgier. — Annonces.

No 3. — Les musées de province (1er article). — Jurisprudence relative aux arts. De la propriété du droit de graver un tableau. — Nouvelles et faits divers. — Variétés. Coup d'œil rétrospectif sur les anciennes collections. Cabinets de Paul de Praun et James Hazard. — Annonces.

No 4. — Les livres doubles des bibliothèques publiques (1er article). — Nouvelles et faits divers. — Correspondance. — Variétés. Galerie de M. le comte de Pourtalès-Gorgier. — Sur deux rares recueils de gravures en bois d'après Albert Dürer. — Annonces.

No 5. — Les livres doubles des bibliothèques publiques (2e article). — Bibliothèque Mionnet. — Nouvelles et faits divers. — Variétés. Galerie du duc de Sutherland. — Annonces.

No 6. — Les livres doubles des bibliothèques publiques (3e et dernier article). — Nouvelles et faits divers. — Variétés. La peinture sur verre en Espagne. — Francisco Goya. — Annonces.

No 7. — Des musées de province. — Nouvelles et faits divers. — Étranger. — Correspondance. — Variétés. Collections du château d'Althorp, appartenant à feu lord Spencer. — De quelques bibliophiles du siècle dernier. Le duc d'Estrées. — Annonces.

No 8. — Du catalogement des livres. — Nouvelles et faits divers. — Variétés. Bibliothèques du 18e siècle. Dubois. — Musée de Dijon. — Annonces.

No 9. — Catalogue de dessins de maîtres provenant du cabinet de M. Villenave. — Jurisprudence relative aux arts. — Nouvelles et faits divers. — Variétés. Bibliothèques publiques de l'Europe. Danemark, Suède et Norwège. — Galerie de Grosvenor, à Londres. — Annonces.

No 10. — Vente de la bibliothèque de M. Mionnet. — Nouvelles et faits divers. — Variétés. Costumes et décorations du moyen âge. — Souvenirs de quelques bibliothèques du temps passé. — De la sculpture en bois. — Annonces.

No 11. — Vente des dessins du cabinet de M. Villenave. — Vente de la bibliothèque de M. Mionnet (2e article). — Sur les experts des musées. — Inauguration de la salle de ventes de la rue des Jeûneurs. — Nouvelles et faits divers. — Correspondance. — Variétés. Bibliophiles du 18e siècle. Turgot et d'Aguesseau. — Complément de l'œuvre d'Holbein. — Annonces.

No 12. — Aquarelles et dessins provenant des publications de M. Curmer. — Vente des dessins du cabinet de M. Villenave. — Tribunal correctionnel de Paris. Vente et achat de tableaux, etc. — Nouvelles et faits divers. — Variétés. Bibliothèque de Thomas Grenville. — Annonces.

No 13. — Vente des antiquités, bronzes, plâtres, médailles, estampes et dessins du cabinet de M. Mionnet. — Nouvelles et faits divers. — Variétés. Bibliophiles du 18e siècle. Villeheut. — Galerie du comte d'Espagnac. — Annonces.

No 14. — Vente après décès de M. Greuze. — Exportations de la librairie française en 1841. — Nouvelles et faits divers. — Correspondance. — Variétés bibliographiques. Dédicaces, titres, etc. — Annonces.

No 15. — Vente de tableaux réunis par les soins de l'Alliance des Arts. — Jurisprudence relative aux arts. — Nouvelles et faits divers. — Correspondance. — Variétés. L'ancienne galerie d'Orléans, au Palais-Royal (1er article). — Variétés bibliographiques. Dédicaces, titres, etc. (2e article). — Annonces.

No 16. — Vente de médailles grecques et romaines de la collection de feu M. Linck. — Nouvelles et faits divers. — Correspondance. — Notice bibliographique sur quelques personnages célèbres plus ou moins fabuleux. — Variétés. Recherches bibliographiques. — Galeries de Hollande et de Belgique. Collection de M. le baron Verstolk van Zoelen, de La Haye. — Annonces.

Ce Catalogue se distribue, à PARIS,

Chez MM. COMMENDEUR, comm.-pris., rue Saint-Germain-des-Prés, 9.
BATAILLARD, comm.-pris., rue de Choiseul, 5.
ASSELIN, libraire, quai des Augustins, 41.
BENJAMIN DUPRAT, cloître Saint-Benoît, 7.
MERLIN, quai des Augustins, 7.
SILVESTRE, rue des Bons-Enfants, 30.
TECHENER, place du Louvre, 12.
COLOMB DE BATINES, rue d'Anjou-Dauphine, 7.
BROCKAUS et AVENARIUS, libraires, rue Richelieu, 69.
DELLOYE, libraire, place de la Bourse.
PERROTIN, libraire, rue Traversière-Saint-Honoré, 41.

A LONDRES,
Chez M. THOMAS, 1 Finch Lane Cornhill.

A LA HAYE,
Chez M. JACOB, libraire.

A BRUXELLES,
Chez M. LEROY, Courte-Rue-de-l'Écuyer, 21.

A ANVERS,
Chez M. VERLIND, peintre.

A GAND,
Chez M. VAUDERVIN, rue aux Barres.

A ROTTERDAM,
Chez M. LAMME, Hoogstraat.

A AMSTERDAM,
Chez MM. BUFFA et fils, Kalverstraat.

A MANHEIM,
Chez MM. ARTARIA et FONTAINE.

A LEIPZIG,
Chez MM. BROCKAUS, libraire.
R. WEIGEL, libraire.

A ROME,
Chez M. MERLE, libraire.

A SAINT-PÉTERSBOURG,
Chez M. BELLIZARD, libraire.

Sous presse :

Catalogue de Tableaux de maîtres provenant du cabinet de M. le marquis de C....
Catalogue de Tableaux rapportés d'Espagne par un général français.
Catalogue d'une Collection complète de Dessins de maîtres français, depuis le 16e siècle.
Catalogue d'Aquarelles d'artistes modernes, Bonington, Charlet, etc.
Catalogue d'une Bibliothèque de Livres et Manuscrits relatifs à l'histoire de France.
Catalogue d'une Bibliothèque médicale et chirurgicale.
Catalogue d'une Bibliothèque d'agriculture.
Catalogue d'une Collection de Pierres gravées.
Catalogue d'une Collection de Vases étrusques.
Catalogue d'une riche Collection d'Autographes.
Et plusieurs Catalogues de livres.

Imprimerie de HENNUYER et TURPIN, rue Lemercier, 24, Batignolles.

www.ingramcontent.com/pod-product-compliance
Lightning Source LLC
Chambersburg PA
CBHW060713050426
42451CB00010B/1424